91歳、ヨタヘロ怪走中！

樋口恵子

婦人之友社

はじめに――明日の自分にタスキリレー

今年のお正月も、テレビの前で箱根駅伝を観戦しました。

元日には能登地方で大きな震災があり、心痛むニュースが続いて駅伝も中止になるかしらと思っていましたが、いつも通りに始まってホッとしました。こんなときだからこそ、いつも通りをありがたく感じます。

ずいぶん前から、箱根駅伝は大好きです。なぜこれほど惹かれるのかと考えると、まず、若い大学生が走っているのがすがすがしい。東京の大手町をスタートして、箱根に向かって走って行くコースもいい。ややこしいルールがなくて、勝負がわかりやすい。それに私は東京生まれの東京育ちなので、関東圏の大学がとても身近に感じられます。

タスキリレーをする、つないでいく、というのが日本人の感性に合っているのでしょうね。自分がヨレヨレで倒れそうになっても、チームのためにがんばって走る。一人だったらへこたれて、足を止めてしまうかもしれません。でも、仲間のためなら、もうひとがんばりできてしまうところは、とても日本人的です。

陸上はたいてい個人競技ですが、駅伝は団体競技。抜きつ抜かれつの筋書きのないドラマです。ときどきペースを崩して失敗してしまう人がいて、評判通りにいかないところもドラマチック。どの選手も一生懸命だから、どこかの大学を贔屓にするのではなく、みんなに声援をおくります。

毎年、年末になると助手が箱根駅伝の雑誌を買ってきてくれるので、各大学のエース選手の紹介記事を読んだり、その学校の歴史を見たり、データをながめたりして予習をするんですよ。

2023年の年末は体調が今一つだったのですが、その雑誌を受け取ったとたんに元気になって、「あら樋口さん、急に顔が明るくなったわよ」と言われました。今年は駒澤大学がダントツで強いと言われていましたが、番狂わせもあるだろうと思っていたら、やっぱりありましたね。駅伝のそういうところがおもしろいのです。

スポーツは、見ているだけで参加できます。年を取ると、気持ちの上で参加できることなんてそうそうありません。本当は、箱根に行って旗を振りたいけれど、真冬に沿道で応援する体力はもう残されていません。でも、テレビを見るだけで十分。国民的行事を楽しんでいます。

◆応援団の声が大きいからがんばれる

今年の5月がきたら92歳。われながら、よく生きてきたものです。決して頑健とは言えない私が、この年まで生きるとは想像もしていませんでした。

今は、自分にできることをしながら精いっぱい、りっしんべんの怪しき走りで進んでいます。駅伝にたとえると、91歳の私から92歳の私にタスキリレー。1年ずつがリレーです。

最近は、今日から明日へのリレーという気持ちが強くなりました。朝、目を覚ますと、「ああ、今日もタスキがつながった」と思う。まわりにいる人たちは、沿道の応援団ですね。とくに助手たちは、後ろから声をかけ励ましてくれる監督のような存在。彼女たちは声がよく通るので、拡声器などいりません。

「もっとしっかり!」「食べなさい、仕事をしなさい」と叱咤激励しながら、日々声をかけてくれます。さらに、総合監督のような存在の娘もいます。こうした応援団に力をもらって走ることができている。私はこの年になっても仕事をしているので恵まれていると思いますが、少し長生きした人ならだれだって、一人くらいは応援団がいるはずです。

ヨタヘロで怪しい走りであっても、励まされながら明日の自分にタスキを渡す。私が箱根駅伝を見ながら元気になれるのは、自分も同じように走れているだろうかと励まされるからでしょう。

今年もしっかり食べてしゃべって、行けるところまで走り続けたいと思います。90代になっても日々新たな発見をし、みなさんにお伝えすることができるのは、なんとありがたいことでしょうか。

91歳、ヨタヘロ怪走中！ もくじ

第1章 老いとコミュ力

第2章

ヨタヘロでも社会とつながる

第3章

ただいま、ヨタヘロ怪走中！

第4章 講演&対談 「おばあさん学」入門

◎本書は隔月刊誌『明日の友』（小社刊）の連載
「人生百年学ヨタヘロ航海記」（２０２２年初夏・２５８号〜２０２４年早春・２６８号）に、
書き下ろし５編を加えて再構成しました。
◎本文中の著者の年齢は、雑誌掲載当時のものです。
◎本文中の平均寿命、健康寿命、介護者についての数値の出典は『高齢社会白書』（内閣府）、
厚生労働省等の国の統計調査に基づき引用しています。

第1章

老いとコミュ力

女と友だち

◆80年来の親友

あと3カ月ほどで満90歳という2022年のはじめ、私は80年来の友人の訃報に接しました。いくら長寿社会とはいえ**「80年とは何と長いことよ」**と思われるかもしれません。

小学校1年生に入学した6歳で、このFさんと同じクラス。頭のよさ抜群。彼女は小柄、私は大柄だったので席は離れていましたが、ライバル意識は子ども心に深く刻まれています。

2年生のとき、神話で名高い「因幡の白兎」の主役をFさん、大国主命《おおくにぬしのみこと》を私が演じましたが、演技力は「とてもかなわない」と感じていました。職業にはしなかったものの、「演ずる」ことは彼女の生涯を通してのテーマでした。

6年生のとき、太平洋戦争が激しくなり、Fさんは埼玉の母上の実家へ縁故疎開。私は最大多数派50人くらいと共に集団疎開の一員に。そして私が都立第十高女、Fさんが地元埼玉の高女に入学したと同時に、二人とも初期の肺結核が見つかり、1〜2年の休学ということに。そこから猛烈な文通が始まります。週に一度は書いたでしょう。日常の療養から、寝床で読んだ本の感想、日によっては母をせっついて1日に二度出すこともありました。

あのときの往復書簡が残っていたら、と残念に思います。仲よく学齢を1年遅れて埼玉と東京で二度目の中学生活を送り、学制変更のおかげで、高校で募集のあった現在のお茶の水女子大学附属高校に二人で進みました。

高校3年間は、1年ごとにクラス替えがあったのにずっと同クラス。大学は揃って東京大学に合格。さすがにその後の勤め先などは別々でFさんは大メディアに、私は就職に失敗して結婚、という数年を過ごすことになりました。

私が気を取り直して再就職し、女性たちが立ち上げた研究会に属したころ、ぼちぼち『婦人公論』などから原稿の注文が来るようになりました。Fさんは日付が変わるまで働く激務でしたが、必ずそういう日は私の家に立ち寄って、ときに激論。自宅が近かったおかげもありますが、職場で働く女性の実態について、貴重な実例を豊富に提供してくれました。

だいたい私の意見は日和見の穏健派、Fさんは現場の女性の声を背景にした改革派。まるでそれぞれ当事者になった感じで大声で議論。そのようにして丁寧につくられた原稿はおかげさまで評判がよく、私はいつの間にか「評論家」という肩書がついていました。

Fさんは20代末に結婚、一児を得ました。家庭の幸せにも恵まれた女性でした。激務の本職の間を縫って「家庭科の男女共修をすすめる会」などに小まめに顔を出していました。

90歳とは情けないもので、ご葬儀当日、私は血圧が高くて行かれませんでした。納骨寸前の時期に自宅へお邪魔してお別れをさせていただきました。**時代の波をきちんと受け止め、決して逃げず、誠実な対応をした女性の一生**がそこにありました。

◆女子教育と友情の成立

今80～90代の昭和1ケタ2ケタ世代とその母たち、という女の人生の中で、何が変わったかというと私は「友人」の有無だと思います。**「女と友情」は「男と友情」に比べて、たよりなく、心細いものだと思われてきました。**これはひとえに男の子より女の子のほうが生家の束縛を受けやすく、同性同世代で意思疎通する機会が少なかったからです。

女の友情の成立にはいくつかの条件があります。一に**親や家族の監視から解放された同年齢集団**の存在。最適の集団は「学校」でしょう。明治維新が女性にもたらしたものは「幼童の子弟は男女の別なく」課せられた小学校の義務教育でした。男子に比べれば貧弱なものでしたが、とにかく1899年には「高等女学校令」が公布施行。1880年代から女子の専門教育機関として東京女子高等師範学校（現・お茶の水女子大学）、女子英学塾（現・津田塾大学）、日本女子大学校（現・日本女子大学）、東京女子大学（同）などが創設されました。

親、家族制度などから解放された同一世代の時間の共有、人間関係の共有、そして大切なのは知識の共有。女子教育が遅ればせながら整備されたおかげで和洋の識字率がぐっと向上、中等教育の教員、医師などの専門職につく女性がどっと増えました。

そのときを見はからったかのように1911年（明治44）、『青鞜』が刊行されたのです。『青鞜』を読み回しながら、高等女学校仲間は目顔でうなずき合い、賛否は別として共通の認識を持つことを楽しみました。女と友情の出会いの第一歩でした。

吉屋信子の『女の友情』は、女にも友情があることを天下に知らしめた「記念碑的作品」（田辺聖子著『ゆめはるか吉屋信子』）です。1933年（昭和8）1月号から翌年12月号まで約2年間『婦人倶楽部』に連載したもの。そのころ日本の高等女学校進学率は16％程度であり、内容は「良妻賢母」教育でした。中流社会の

「常識的」な生活に組み込まれていた「女の友情」の成立条件が整ったわけです。

今たまらなくさびしいと共に、こういう時代を生きて、こんな友人に出会えたことを心から感謝しています。

樋口さんヨタヘロ語録①

ヨタヘロ期は私にとって初体験。
同世代の人にとっても初体験。
注意深く生きながら、
老いの幸せの条件を
共に探し求めたいと思います。

女のお墓事情

◆時代小説の中の女のお墓

2021年、私は実家の「墓じまい」をおおかた終えて、あとは私の死亡時に、寺内の一角に設けられた小ぎれいな共同供養塔に一族を移葬してもらうだけになりました。ある程度の費用はかかるでしょうが、少人数のところから大人数のグループへ移動するのは私の性分に合っています。

気楽な昼寝の友として、私はくり返し愛読する藤沢周平著『三屋清左衛門残日録』を読み返していました。ある藩で出世を遂げて退職した武士が、隠遁後もその人格力量を買われて活躍する話ですが、その中にもしのび込む老いのさびしさが刻まれていて共感を呼びます。そこに**女性とお墓に関する一文**があって、墓じまいをし終えたばかりの私の視線が止まりました。

清左衛門が若年のころ、軽い思慕を感じた女性（故人）の娘が不幸な結婚からようやく逃れ、よい再縁を待っている。その描写の中にあるのが、「出戻りのまま実家の墓に入るなどということは、本人ものぞまぬだろうし、親たちものぞむまい」――。

昔、独身の娘が実家の墓に入ることは、いささか不名誉なことであったのか。藤沢周平の小説はあくまでもフィクションですが、時代考証がしっかりしているという定評があります。**女は実家を出て他家に嫁ぎ、婚家の墓に入るのが「女とお墓の標準コース」**だったようです。

◆女の碑の会

女性とお墓といえば、戦後女性史にしっかり刻まれてほしい事実があります。あれは戦後34年を経た1979年12月、京都は嵯峨野の常寂光寺境内、ゆるやかな女坂の中腹に一基の碑が設けられ、除幕式が行われました。

戦後は長かった——とくに戦争で配偶者となるべき男性を失って、独身で生きることになった女性にとっては。同じ師範学校卒でも初任給は男性45円、女性38円と大きな差があった時代です（1944年当時）。男性は50歳定年、女性は40歳定年とか。

最も安定した仕事といわれる教職も差別の連続でした。長い間に、家族の責任者だった兄姉が死没したり、親たちを「気丈な独身の娘」が同居して扶養した例も数多くあります。しかし、この**戦後の女性たちは、うつむいて涙ぐむだけでは**

ありませんでした。やむを得ず歩んだ女の自立への道。そこで悪戦苦闘しながら、海外留学した人、大学の教授ポストを手に入れた人、企業の要職についた人——。配偶者となるべき年代の男性犠牲者は約2百万人、控え目に見積っても、その結果生じた**戦争独身女性は50万人は存在した**と言われます。

強いられた自立であろうと、差別だらけの自立であろうと、**自分の力で世の中とわたり合って生きた女性たちは、仲間を求め、戦争独身の女性たちの生活欲求を世間にアピール**するようになりました。公営住宅に独身者が応募できるようになったのは、たしかそのおかげです。

同じ仲間の会話で、実家のお墓も遠く入りにくい、というような話から**「私たち、ハカなき人生ね」という笑い話をグチに終わらせなかった**のは、さすが自立を遂げた女たちです。谷嘉代子さん（元花園大学教授）を代表に「女の碑の会」を創設、嵯峨野・常寂光寺の支援のもと碑を建立、別に納骨堂をつくって会員の死後の安泰を約束しました。

碑には何と刻まれているか。

「女ひとり生き　ここに平和を希う」

平和を願うのはだれしものことにせよ、生涯あげて妻、母となる道を戦争によって奪われた女性の願いはさらに大きくて当然でしょう。この「女の碑の会」が石碑の揮毫《きごう》者にとお願いしたのは、日本の独身女性代表と言うべき、市川房枝先生でした。「女ひとり生き　ここに平和を希う」。

ここで私の自慢話。除幕式当日は1979年の12月9日。ご出席を快諾してくださった市川先生が急用でいらっしゃれなくなりました。そのころ私は谷先生と交流があり、数多い応援団の一人。「代読」を依頼されて私は一世一代の光栄としてお引き受けいたしました。

ここからはまさに今の話です。私が大好きな脚本家の橋田壽賀子さんは、2021年に亡くなりました。四半世紀、正式な婚姻を円満に過ごされましたが、お子さんなし。夫君ご実家から「壽賀子さんは入れない」と言われ、婚家のお墓とは別に日本文藝家協会「文學者之墓」にご夫妻の墓地を求められました。お墓に関する法律は、基本的に民法897条。そこにあるのは「慣習に従って」のひとこと。争うなら「家庭裁判所」で、とのこと。

「お墓問題」は少子化、家族減少の大波の中でまだまだ続きそうです。

※谷さんは仲間と共に納骨堂で眠り、「女の碑の会」は常寂光寺に引き継がれて、毎年10月15日に合同慰霊法要が行われています。

樋口さんヨタヘロ語録②

女性のほうが男性よりも
健康寿命が3年短い！
これは大問題です。
男女の差を縮め、両性共に
健康寿命を延ばさなくては。

きょうだいは他人の始まり？

◆介護と相続で険悪に

昔から「きょうだいは他人の始まり」と言われますが、近ごろ老いてきょうだい仲の悪さが目立ちます。「ふつうの仲」だった**きょうだい仲が険悪になる理由は二つ。親の介護と相続問題**です。介護は、どうしてもそれまで同居していた人、近所に住んでいた子どもに負担が多くかかります。

地域の事情にもよりますが、昔のように「長男が責任者！」「長男の嫁が介護してあたりまえ」と決めつけるわけにはいきません。いろいろな例を見ていると、たしかに**気の弱い子、親を振り切れない子がいわゆる「貧乏くじ」を引いているこ**とがあります。

私は日刊紙の人生案内欄で回答者を務めています。最近、親の一周忌を二人しかいないきょうだい一緒に出せそうもない、というご相談を受けました。

争いの種はやはり介護と相続。ご相談は二人姉妹の妹さんから。お葬式は長女の家から出しました。妹の立場からみると、姉はお金にきびしく、老いた母にいろいろ請求したようです。妹が見かねて口を出したらきょうだい仲は険悪に。妹から見ると、相続も姉が勝手にことを運んだとしか思えません。苦情を言ったら大げんか。一周忌も近いのになんの知らせもない。問い合わせていいものかどうかというご相談でした。

母上の死後、妹さんがついに爆発。口もきかない間柄になってしまったけれど、妹さんは何とか一周忌を機に仲を取り戻したい感じが伝わってきました。

同じ子どもでも「お葬式を出す側」はどうしても責任が重い。親の看取りでの姉の尽力にまず感謝し、一周忌をどうするか、お伺いを立てる手紙を出してみては？　それでご返事が来なかったら、深追いせず、妹は自宅に写真など飾って故人を偲べばよいのではないか、と回答しました。きょうだい仲は、親の年忌を別々に出すところまで険悪になっているようです。

◆親たるものの心がけ

幼いときからの、親の偏愛への恨みつらみを述べる子どもの相談文をあちこちで見かけます。**親の側に立って言いわけをさせてもらえば、「平等」というのはなかなかむずかしい。**上の子のときはまだ親の給料が安く私立受験は無理、下の子のときは昇給して親は受験に夢中、というやむを得ぬ事情もあります。

私の親しい三人息子の母は、中学受験直前の1年間、受験当事者の子どもにだけ「おいしくて高価な」栄養ドリンクを与えていました。幸い三人とも合格。今は揃って世界中を駆け回って活躍しています。本人の能力、希望が理由でない限り、大学進学は公平に扱ってほしいと思います。

親のほうの心がけも必要です。私の友人の姉上はお金持ちで、宝石をいろいろ持っていましたが、とくに一つだけ飛び抜けて高価な指輪がありました。はたから見ても、長女、長男の嫁、三きょうだいの末っ子、と三人ぐらい受け取る候補者がいました。その後どうなったかについては聞いておりません。

私はこうした介護、相続をめぐるきょうだいの争いは、基本的に子ども同士の争いだと思っていました。でも、近ごろ**親にも多少の責任がある場合もある**と思うようになりました。

たとえば、先にあげた高価な指輪の行方は、**遺言書を書いておけばよいのです。**どうすれば効力のある遺言書を書けるか、たくさんの書籍が出ていますから勉強しましょう。それほどむずかしいものではありません。**何も言わず書き残さず、「あとはみなさまよろしいように」というのも一つの意思表示です。**

友人の一人が実の親の介護中、言っていました。「4人きょうだいの家庭はさまざまで、中には障がいのある子の親もいる。親はよく訪ねてくれる子をほめそやし、競って見舞いに来てほしいようでした。来たくても来られない子もいたのに――」

私は、重度の妊娠中毒症で、子どもは一人しかいません。さびしいことだと残念に思っていましたが、おかげで「偏愛」という事態を経験しなかったことにホッとしています。どんなにケンカをしようと一人娘に「葬式を出して」もらう以外に仕方ありません。

現在のような長寿社会。親子の時間も長くなったように、きょうだいの時間も長くなりました。一緒に育つ期間より、配偶者を得て別な家庭を営む時間のほうがはるかに長い。**「きょうだい仲よく」は変わらぬ理想だとしても、新しく創った家庭が中心であることは言うまでもありません。**

幼いころから最も身近な存在であり、ときには宿命のライバルであったきょうだい。それでも私の周辺を見ると、とくに女きょうだいの場合、老後の人間関係をしっとりとかつ賑やかな色彩を放っていて羨ましいと思います。

「きょうだい仲よく」を味わってもらいたいと思ったら、**親たるもの子どもたちに無用の競争をさせず、子それぞれの間に親しさを増すように、きょうだい仲が一生の財産になるよう相つとめねば、**と思います。**親業は一生の修業**ですねえ。

大へんですけど楽しみながら。

樋口さんヨタヘロ語録 ③

歩いて買い物、近くに仲間
ちょっと稼げる仕事があって
共に語らい共に食べ
こんな町で私は老いたい。

私の「推し活」

◆若き日の推しは初代若乃花

最近、「樋口先生の推しは？」と聞かれました。「推し」とはなにかと思ったら、「追っかけ」とか「ファン」という意味なんですって。**推し活、いいですね。好きなものや好きな人を追いかけていると、元気がわいてきます。**

2022年の1月、私はなつかしい友人Fさんを失いました。彼女のことは前の項にも「80年来の親友」として書きましたが、東京目白にある公立の高田第五尋常小学校（現・豊島区立目白小学校）の同級生で、因縁の深い友人です。

二人一緒に結核になり、同じように休学。そして復学後は、お茶の水女子大学附属高校の同級生となり、そろって東大に進学しました。勉強ができるという意味では、あんなに頭のいい人はいなかった。なぜ、またFさんの話をするかというと、**私たちは推し活仲間**でもあったからです。

高校生のころ、私が夢中になったのは初代若乃花でした。何しろ面食いですから、品がよくてハンサムな若乃花が大好きで、「お嫁さんになりたい」と思っていました(笑)。しかし、こちらはまだ高校生。あちら様は正式な妻帯者です。力士は結構モテますから、女性の好みもうるさいはず。不器量な私じゃ無理だろうと思いながらも、本気で願っておりました。

一方、Fさんの推しは栃錦。技術があって、うまい力士でした。彼女は栃錦のバックグラウンドまで調べて、江戸っ子風の生き方を気に入ったようです。**推しの相手は違っても、私たちはグループ活動を一緒にしていた**のですね。

「栃若時代」と呼ばれ、栃錦と若乃花は戦後の相撲の黄金期を築いたライバルでした。私はキャーキャー騒いでいた、ただの軽いファン。彼女のほうがはるかに深く、推しを想っていましたよ。負けたときには「栃錦よ、あなたはまだ強い。まだまだ勝てる」と、一晩かかって文章を練り上げ、手紙を送っていたのですから。私は負けても「ああ残念！」と思う程度。ついにファンレター一つ書くことはありませんでした。

◆出産直後の相撲観戦

私のほうが、彼女よりも少し先に結婚（もちろん、若乃花とではありません）。夫は地方勤務だったため、東京の実家に帰って娘を出産しました。昭和34年の暮れのことです。

年が明けて、Ｆさんが真っ先に見舞いに来てくれました。私の母は、小学校時代からの親友が、早くも訪ねて来てくれたことを喜んで「お見舞いに来てくださってありがとうございます。さあさ、見てやってくださいませ」などとはしゃいでいます。

Ｆさんは、生まれたばかりの赤ん坊をのぞいて、「元気そうね」などと一通りのお世辞を言った後、しばらくするとハンドバッグからごそごそ封筒を取り出しました。そして、思わせぶりに言ったのです。

「念のために取っておきましたけど、あなたいらっしゃる？　ふふふ」

封筒から出てきたのは、初場所のチケット。しかも、翌日だか翌々日のものです。「行けたら行きましょうね」と話してはいたけれど、まさか本当だったとは。私はすぐさまチケットをひったくり、「行く行く行く！」と叫びました。そのときのことはよーく覚えています。

12月26日に出産、翌年の初場所ですから産後1カ月もたっていないときでした。母に「赤ん坊をお願いします」と言うと、呆れてお盆をひっくり返しそうになっていました。小学校時代からの親友が、早くもお見舞いに来てくれたと思ったら、こんなことになるなんて、という表情です。そして当日、私は着物を着て、彼女はテレビウーマンらしくスラックススタイルで、蔵前国技館へと出かけました。

あのとき何が一番大切かと聞かれたら、もちろん産んだばかりの赤ん坊でしたが、そのことと相撲観戦は、どちらかが排除されるべき問題ではなく、私にとっては当然両立するものでした。そして、われら二人の友情はより固く結ばれたのです（笑）。

◆無形のコミュニケーション

その後、初代若乃花ほど好きな力士は現れていませんが、お相撲はずっと楽しみに見てきました。今の推しは、お正月の箱根駅伝。とくにどのチームが贔屓というわけではなく、箱根駅伝そのものが好きなので「まるごと推し」です。

推し活は無形のコミュニケーション。老いても、楽しみはいくらでも見つかるものです。コミュニケーションと言えば、最近、新たな気づきがありました。

毎週金曜日のお昼にB社のお弁当を頼んでいるのですが、助手のSさんのお母さんも同じ日に同じものを食べているとわかりました。お会いしたことはありませんが、お母さんの様子はSさんを通じてよく聞いています。

それを知ってから、金曜日は「Sマザーも、同じお弁当を食べているんだな」と思うだけで楽しいのです。これは大発見でした。一人で食べているのに

「ちょっとこれ、塩気が足りないわよね」などと、心の中でSマザーに語りかけている。同じお弁当を食べているだけで、仲間がいると思えるのです。

推し活は元気のもとです。そして、人との無形のコミュニケーションがいかに大切なものか。**年を取っても相手を思い、胸がきゅんとしたり、楽しい話題が増えたりするのは大歓迎**です。

樋口さんヨタヘロ語録④

茶飲み友だちならぬ
「ごはん友だち」の輪を
広げましょう！
心身の健康のために。

佐野ぬいさんのこと

◆ほどよい距離のご近所さん

2023年夏、わが家の向かいにお住まいだった佐野ぬいさんが亡くなりました。

私よりも半年遅い11月生まれの90歳でした。高名な画家であり、女子美術大学の学長まで務めた立派な方でした。

私がこの町に引っ越してきたのは、30年余り前。佐野さんご夫婦は私たち家族より先に住んでいたため、引っ越し当初、何人かの方から「樋口さんのお宅は、画家の佐野先生のそばですよ」と教えていただきました。

すぐにわかったのは、佐野さんのお連れ合いと、私の連れ合いが東大文学部の同級生だったこと。こちらは独文科で、あちらは仏文科。しかも私の連れ合いは共同通信の文化部で、佐野さんのご夫君は『週刊読売』の編集長という同業でした。そんなことは知らず、私は時折『週刊読売』にもお世話になっていたのですから、おもしろい出会いでした。

たがいの家族の共通点は、猫好きなこと。わが家の娘は少々気むずかしいところがあるのですが、いつの間にか佐野先生のご夫君とすっかり仲よくなり、大きな猫を両脇に抱えて、佐野家に遊びに行ったりしていたことも、なつかしく思い出します。

私のほうは、会えばご挨拶をするくらい。佐野さんも私も忙しかったため、深いおつき合いをしたわけではありませんが、**近くにいらっしゃるだけでありがた**

く、おだやかでよい関係の30年を過ごさせていただきました。

◆勢いよく女性が変化した時代に

非常に感慨深いのは、女性が政策の中に顔を出し始めた時期に佐野さんにお会いできたことです。日本が「男女雇用機会均等法」を公布し、国連の「女子差別撤廃条約」に批准したのが1985年。その10年前の1975年は国際婦人年で、第1回の世界女性会議が開かれていました。

1980〜1990年代に東京都が婦人問題の政策を進めていたとき、私はナンバー2の立場におりました。会長は弁護士の鍛治千鶴子さん。鈴木都知事、青島都知事、石原都知事という流れの中で、根強い反発もありましたが、**女子差別撤廃条約への批准は、世界の趨勢であり止めることのできない勢い**でした。**女性**

にとっては非常におもしろい時代だったと思います。

このように社会が動いているとき、佐野さんは女性だけの私立大学、しかも芸術系の大学で大きなお役目をなさっていた。女子美術大学という名前への自負もあったでしょう。当時、女性のためのセンターがいくつか立ち上がりましたが、東京渋谷区にある東京ウィメンズプラザの図書室の壁画を描かれたのは、こうした流れがあってのことでした。

私は芸術の世界に通じているわけではありませんが、**佐野さんの絵はブルーがとても美しいのです。明るく澄んだ青、深く沈むような青、青を多彩に表現された壁画**は、今も渋谷で見ることができます。

晩年には、リハビリのパーソナルトレーナーである野澤隆司先生も紹介していただきました。「とてもいいから、樋口さんもいかが?」と言ってくださり、同じ日にそれぞれの家でリハビリを受けることにしたのです。

私はこのリハビリを今も続けているおかげで、ヨタヘロしつつもなんとか暮らすことができています。佐野さんには体のことや予防接種のことなど、**ほどよい距離感でいろいろと教えていただきました。**偶然にも長いご近所づき合いができ、大変光栄だったと思っています。

第2章

ヨタヘロでも社会とつながる

#「生涯現役、一消費者」の声を

◆タンスの奥から出てきたアレは！

ふと、ずっと昔のある日のことを思い出しました。**もののの片づけごとは、家事の中でも最苦手。**長年のつき合いの中で家事全般すべてに達人の域に達し、何かと頭も手も貸してくれる同年輩の友人に、片づけの手と頭を貸してもらっていました。だいぶ片づいて、残るは私の主たる嫁入り道具だった総桐の和ダンスと、普段に重宝しているこれも桐の洋ダンス。

久しぶりのタンスの中味に奥深く首をつっこみながら、私は一連の小さな包みを取り出しました。

「何イ？　これ！　きゃっ、新品ね。捨てるのはもったいないし、若い人にあげるように、どこかタンスの片隅にでも……」

思えば長期間、私の女盛りを共にした生理用品です。この出合いの3年ほど前、私は子宮筋腫という病気で子宮全摘手術を受け、すでに生理はありませんでした。ですからこの生理用品の発見は、私の整理のまずさの象徴でもありました。

「もったいないけれど、やはり捨てましょうか。私は整理が悪くて、しまい込んだらすぐ出てこないし、そもそも私自身に用はないし」

整理の達人は言いました。

「私たちよりもっと年上の方のために、わかりやすいところに保存し、遠慮のない方にさしあげたらどうでしょうか？」

瞬時に理解したわけではありませんが、少しずつ私は「整理の達人」の言う意味を理解しました。「達人」の助言を受け入れて、その場でどこかへ収納したつもりですが、もともと整理能力に劣る私は、どこかへまぎれ込ませてしまったようです。でもこのときのエピソードはよく覚えています。

◆おとな用が赤ちゃん用を超える？

それは、何かの記事で、日本の紙おむつの生産量のおとな用が急成長し、ある日赤ちゃん用を超える日が来るのではないか、という内容を読んで深く印象に残ったからでした。「おとな用」の消費者には男性も多く、おとな用パッドを上手に利用し、外出時の失禁を気にせず活動できる、というような内容でした。「ああ、いいことだな」と私は軽い感動と共に読みました。**私が不要になったと**

思った生理用品は、使い方は少々違っても、もしかしたらまた出番があるかもしれない、とほほえましい気もしました。そしてこんなことも思いました。

トイレの個室の片隅に常時置かれた汚物入れ。あれが男性にも必要な日がやって来るに違いない。**男性も女性も、年を取っても元気に外出できる準備**がこれからもますます整備されますように――と、祈りつつ。

最近のデータを見ると、おとな用パッドの売れ行きはますます好調のようです。こうした製品は「日本製」のキメ細かさが輸出用としても好評だと何かで読んだことがあります。**長寿世界一日本の実力を、多様な場面で発揮していただきたい**と願っております。

でも、長年身軽で活動してきた男性が、失禁防止用のパッドを利用するには心理的抵抗がある、という話もどこかで聞きました。

そんなことありません。**慣れ、です。慣れですよ。**安心パッドを利用してどこへでも出かけ、得意の業に仲間と共に腕を振るう。こんな喜びは人間にしかありません。大いにパッドを利用しながら高齢期のご活躍をお祈りします。

私は幸か不幸かいわゆる「トイレが遠い」タチ。外出用のパッドもめったに所持していません。でも小旅行のときは別です。ほかの小物類と一緒に小さなバッグに詰め合わせます。心の中で、

「いやー、おなつかしや。人生が長くなるといろんな場面でお世話になる機会が増えますなァ」

などと心の中で声をかけながら。

人生百年時代。これまでの平均寿命から先の高齢期には、自分自身の心身の症状が変化し、それに適応した品物が必要となります。急に寿命の標準サイズが伸びましたので、**私たちはこれからの高齢期で、人類が初めて使う商品の「消費**

者」となる場面が多くなると思います。
私は少し前から「人生百年、生涯現役、一有権者」が口癖でしたが、近ごろ「生涯現役、一消費者」であることを自覚するようになりました。**消費者として気づいたことを、遠慮なくわかりやすく発言していこう**ではありませんか。

樋口さんヨタヘロ語録⑤

老年よサイフを抱け！
買い物という
社会参加と決定権は、
最後まで自分の手に。

ヤングケアラー勉強会

◆今日も社会の片隅で

コロナ禍の動きに慎重に対応を重ねながら、2022年以降、NPO法人「高齢社会をよくする女性の会」会員からご希望のあった学習テーマを、一つずつ着実に施行しています。どこの団体も事情は同じと見えて、都心に便利で使用料も安い公的施設は競争が激しく大人気。事務局はじめ担当者の努力で、ようやくオンラインと直接参加と合わせて、50名の定員いっぱいの勉強会となりました。この分野の専門家のなつかしいお顔、男性の参加者もちらほら。時間いっぱい質問が続き、途中退場の方もほとんどありませんでした。

講師は地域介護者カフェなど「介護者支援」の実践者として長年の実績ある団体、NPO法人「介護者サポートネットワークセンター・アラジン」理事長の牧野史子さん。牧野さんがリーダーのアラジンは、私たち「高齢社会をよくする女性の会」の友好団体の一つ。「介護離職ゼロ作戦」の大キャンペーンを約20の団体が参加して、東京国際フォーラムで開いたこともあります。そこで「ヤングケアラー」を支援する団体の幹部に、私をお引き合わせくださったのも牧野さんでした。**市民運動というのも結局、最先端は人と人とのつながりです。**

今、行政、任意団体などが次々と実態調査を行い、「ヤングケアラー」支援が論議され、実施されています。国、自治体も対策に乗り出しました。支援団体や研究者による著作・調査結果も次々と発表されるようになりました。

社会の片隅で、今日も心身の不自由な家族を支えながら、自分の進路に思い迷う時間を失っていく――本来なら自分にこだわり悩み、立ち往生、親しい友人とのいつ果てるとも知れぬ長時間の対話。そういう時間に自分のことにこだわり続け、あちこちぶつかりながら、やがて自分自身になっていく――。そういう胸のモヤモヤを、ヤングケアラーと呼ばれる若者たちの多くは持っていません。**おとなへの準備の大切な時間なのに。**

◆家族を支える10万人の子どもたち

この2〜3年、都道府県、市町村で「ヤングケアラー」の調査や支援策に乗り出すところが増えてきました。本のタイトルずばりそのまま『ヤングケアラー』(澁谷智子著・中公新書)によれば、「ヤングケアラー」とは、「家族にケアを要する人がいるために、家事や介護を担っている、18才未満の子ども」のことを指します。

その数は、2021年に行われた調査によれば、**全国に約10万人。小学6年生の15人に一人、中学生の17人に一人。**毎日介護、あるいは週4~5日の介護が約半数。

介護する相手方は、小中学生の場合は1位きょうだい、2位母。高校生となると1位祖母、2位祖父（藤沢市調査）。

さまざまな調査などから浮かびあがってくる現代日本のヤングケアラーの声を聞くと、プラスの影響としては「年齢の割に生活能力が身につく」「聞き上手」など。マイナス面は**「学校生活に集中できない」「介護の話ができる相手がいない」「疲労など健康上の問題」「友人とつき合う時間がない」**など。

勉強会で示されたヤングケアラーの実態を見ながら、私は遠い昔、ヤングケアラーと出会ったことを思い出しました。およそ半世紀ほど前、当時家庭の主婦を対象として「戦後4大婦人雑誌」（『主婦の友』、『婦人倶楽部』、『婦人生活』、『主婦と生活』）が圧倒的な占有率でした。わが家の母もその月の1冊をどれと固定せず「あみものの付録がよさそう」「お正月の準備にいい」などと批評しつつ、毎月必ず1誌は買っていました。

何気なしに手に取ったその月の1冊に、今で言うヤングケアラーのルポが掲載されていたように記憶していますが、はっきりはしません。

主人公は男の子。全盲の両親のもとに生まれました。物心ついて以来、この利発な一人息子が一家の中心となり、家庭が営まれていました。しっかり者の一人息子はもちろん、周囲の賞賛の的でした。一方で、ルポには当時、社会福祉や周囲の理解がなかっただろう中で、少年の追い詰められた姿も描かれていました。

当時の日本の社会福祉は、だれがどこまで決定権を持つのが多数派だったのか、私は記憶にありません。だれにともなく、しかしだれよりも先に孝行息子だった少年に「ごめんなさいね」と言いました。

今の世の中には、**もっと多様で選択肢の多い解答が用意されていると信じたい**です。私は老い先短い高齢者ですが、これからもこの問題に注目し続けたいと思います。

樋口さんヨタヘロ語録⑥

介護離職ゼロ作戦。
介護に直面している人たち、
とくに現役で働く世代に
心の底から申しあげたい。
「君、辞めたもうことなかれ」と。

ワーク・ライフ・ケア・バランスの広がる社会に

◆近未来の政策はケアを中心に

2023年、日本の介護政策は正念場を迎えています。岸田内閣の政策についての、毎日のように新聞に批判が取りあげられていますが、**日本にとって今一番重要な課題は、これからさらに増加する高齢者の介護対策**ではないでしょうか。

最近、令和5（2023）年版の『高齢社会白書』が内閣府から発表され、今後の展望などが示されています。とにかくこれから一世代の間に**高齢者が増え続け、世界一に近づいていることはまぎれもない事実**です。

かつてある政治家が、この日本の高齢化を「国難」と表現した例がありました。高齢化はその条件に「平和」が絶対に必要ですし、安全な出産は平均寿命の伸長に影響します。高齢化は、その国の社会全体に平和と豊かさが保たれなかったら進展しません。

私は**今こそ日本の近未来の政策に「高齢化」を取りあげて、とくに「介護（ケア）」をその中心に据えてほしい**と心から願っています。

近ごろ、ワーク・ライフ・バランスという熟語がよく使われるようになったことを私は歓迎しています。もう一声、私は**「ワーク・ライフ・ケア・バランス」**ということばを使って、人間ならではの文化として広めていきたいと思います。

公的な経済活動を支える「ワーク」、家庭生活をはじめ私的領域の文化をすすめる「ライフ」。日本のかつての社会は、公的な「ワーク」を重んじてきました。今、ようやく私的な「ライフ」がクローズ・アップされてきて、私は共感しています。と同時に、人間の生き方に存在するもう一つの要素、**「ケア（介護と育児）」を重要視してほしい**と願っています。

「ケア」がなかったら人間は生き延びられません。ほかの動物も「親」にあたるおとなの動物の「ケア」を受けて育ちますが、**人間ほど行き届いた手厚い「ケア」を受ける動物は少ない**でしょう。その中で実に多くの文化の伝承が行われています。そして近年の日本社会では、「ケア」に対する一定の評価が高まっているにもかかわらず、人間社会を支える必須の文化としての認識があまり高まらないのを残念に思っています。

ワーク・ライフ・ケア・バランス。これぞ人間にとってバランスの取れた生き方のモデルであり、社会保障などの制度もこのバランスを支えるべく定められてほしいと願っています。

◆出会いはエネルギーと新たな希望を

この原稿は、私が代表を務める「高齢社会をよくする女性の会」の第42回の全国大会を終えて帰京した直後に書いています。全国大会は2023年10月21・22日に大阪において開催され、北海道から九州まで全国から500人を上回る人々が参集しました。

コロナ禍がまだ収まりきらない今の時点で、こうして直接出会う機会をつくってくださった大阪の実行委員会のみなさま、そして講堂など万端整った会場をご用意いただいた大阪経済大学の関係者のみなさまに、心より感謝を申しあげたいと思います。

42回も続いてきた全国大会ですが、**その時代その時代の最重要課題について、現状を把握し、問題意識を共有**してきました。同じ問題意識を持つ仲間同士が、全国大会で出会い、話し合い、明日へのエネルギーとして蓄積される。蓄えられたエネルギーがそれぞれの活動、地域の中で、変革のエネルギーとなって広がってきたのだと思います。

そして今回も「生《な》ま身の出会い」の手ごたえを痛いほど感じています。これから**「おばあさんだらけ」になる社会で、女性の人生100年社会をトップバッターとして生きる私たち。**こうしたことに関心のある女性にとっては、仲間の発見、未来の共有につながる**「ときめき」のひととき**だったのではないでしょうか。大きな団体に所属することは、より大きな集団の動きを知る、という効用もあります。

また来年、お会いしましょう！

「また来年！」とみんな手を振って別れました。私は年齢と健康状態からみて、きっと「また来年」が最も不確実なグループの一人でしょう。でも臆面もなく「また来年、お会いしましょう！」と心から叫び続けました。**志を同じゅうする人々と未来を語ることは、なんと希望に満ちていることか。**志を同じゅうする人との出会いは必ず新たな希望を生むはずです。

樋口さんヨタヘロ語録⑦

介護する人が幸せでなかったら
介護される人も
幸せになれるはずありません。

戦争と女たち〈前編〉

◆1個しかないケーキ

90年以上生きてきて、世の中そう悪くはないなあと思うのは、**「性格のいい人が生き残る」**ということ。これは世の中の救いであり、ありがたいことです。性格が悪くて生き残ったのは、樋口恵子くらいのものですよ。

たとえば、たくさんのケーキをいただいたとき、色とりどりの箱の中身をパッと見て、1個しかないものを選ぶ。それが私です。ショートケーキやチーズケーキが複数入っている中で、1個だけのケーキは貴重です。たぶん複数のケーキより、値段も高いはず。目ざとくそういうものを先に選ぶのです。
これは**「性格」というより「世代」かもしれません**ね。今のところ私の周囲は、私よりうんと若い人ばかりで遠慮深い。でも、私は二つ上の兄と1個のおはぎを死にものぐるいで奪い合って生きてきたので、筋金入りです。めったなことでは妥協しません。

そういう意味では、われわれの世代はみんな性格が悪いということになるでしょうか。集団疎開でひもじい思いをしたので、とにかく食い意地が張っている。飽食の時代にうんざりしながらも、レストランで最初のスープが運ばれて来たら、隣のお皿とどちらの量が多いかを瞬時に読み取ります。そして、少しでも自分のお皿が多ければ「にんまり」。たかがそれだけのことで、一日が楽しく満たされるのです。同世代の方には、共感していただけるでしょうか。

われながら、はしたないということは承知していますが、**これはやっぱり戦争のせい。**死ぬまで治らぬ病です。若い人たちは、空腹と欠食を経験した**80代90代の年寄りに油断をしてはなりません。**うっかりしていると、おいしい食べものはみんな持って行ってしまいますよ。

◆引揚船の上から

私は小学校6年生で集団疎開をしたので、空腹と戦争が結びついています。それなりにつらい思いをしましたが、戦争ではもっともっと悲惨な体験をした人たちがいました。中でも、**中国や朝鮮から引き揚げてきた女性たちは、過酷な運命を背負っていました。**当時の資料を集め、何が起きていたのかを私が知ったのは、戦後半世紀近くたってからです。

きっかけは、1歳下の文化人類学者、原ひろ子さんから聞いた話でした。彼女の父親は京城（現・ソウル）帝国大学医学部助教授で、すぐには帰国できなかったため、ひと足先に弟と二人で日本へ向かったそうです。1946年1月、韓国・釜山から、博多港に引き揚げて来る船に乗り、人いきれのする船室で気分が悪くなった原さんは、新鮮な風を求めて一人甲板に上がりました。

1月の玄界灘の風は冷たく、甲板にはだれもいないように見えましたが、ふと見ると、少し離れたところに一組の母子連れがいました。母親は3、4歳の子どもの手を引き、さらに幼い子を腕に抱いて、じっと海を見ています。「何をしているのだろう？」と思ったそのとき、母親は手をつないでいた子を厳寒の海に放り込み、続いてもう一人の子を抱きかかえて自分も海に飛び込んでしまったのです。あっという間のできごとでした。

それから船内は大騒ぎになりました。大人の女たちがささやき合っています。

「あの人、露助にやられておなかに子どもがいたらしいよ」

露助とは、ロシア兵のこと。11歳だった原さんにも、女たちが眉をひそめる意味がわかりました。

◆女性たちの悲劇

終戦時、満州、中国、朝鮮に居留していた日本人は、240万人と言われています。1945年8月9日、当時のソ連が「日ソ中立条約」を破って旧満州に侵攻してきたときから、女性たちの性被害は始まっていました。

ソ連軍の指揮系統が機能せず、略奪と同時に性暴力被害が行われたこと。日本人グループの逃避行の中で、占領地を無事に通過する条件として、日本側が女性を差し出したこと。その混合ケースもありました。ソ連兵だけでなく、一部の現地人からの暴行もあり、その結果、妊娠してしまった多くの女性がいたのです。

暴力によって犯され、あるいは引き揚げのときの日本人の安全と引き換えに人身御供のように性を提供させられ、あげくの果てに妊娠させられた女性は、戦争の最大の被害者と言ってさしつかえないと思います。日々大きくなっていく胎児を身にかかえ、日本人ではない顔をした子が産まれてしまうと苦悩し、引揚船から思いあまって身を投げた女性は、決してめずらしくなかったと言います。

このことは、政府の引揚担当部局だった厚生省引揚援護局でも問題になっていました。ほんの少し前まで、日本兵も侵略した土地の女性に同じことをしてきたのです。このような妊娠は「不法妊娠」と呼ばれ、国は対策を始めました。

終戦の日から半月もたたぬうちに、引揚港が設置された地域の国立大学の医学部長が厚生省に招集されます。九州帝国大学（現・九州大学）では、医学部長が不在だったため、助教授が上京しました。そこで、**「引き揚げ女性については、老若を問わず、性病及び妊娠の検診、性病者は隔離治療、妊婦も隔離、極秘裏に中絶すべし」**との密命を受けたのです。

当時は「産めよ増やせよ」の時代で、堕胎は国禁の行為。他大学の教授は「協力などできない」と、任務を断ったと言いますが、教授不在だった九州大学は断りきれずに引き受け、助手だった石濱淳美氏らが療養所で医療にあたりました。

こうした早急な政策決定の理由は、性病防止と「異民族の血に汚された児の出産のみならず家庭の崩壊を考えると（略）、これを厳しくチェックして水際で食い止める必要がある」というものでした。日本政府の早業に、私は息を呑むような思いがします。

そして、「15歳から55歳までの引き揚げ婦人はもれなく相談室に来ること。そこを通らなければ引揚証明書はもらえない」という仕組みができあがっていきました。病気や妊娠の疑いのある女性は、治療や中絶のために、博多郊外の二日市保養所などに送り込まれました。もとは傷痍軍人の保養所だったところで、個室がたくさんあり、風呂場が手術室に転用できました。

ただ、そこには薬品もなく、**女性たちは麻酔なしで声を押し殺しながら手術の痛みに耐えた**と言います。恐怖と屈辱の記憶が、自分の体から引き離されていく思いは想像もつきません。女性たちが**「やっぱり生きてきてよかった」と少しでも思える人生**を、その後たどられたことを祈るばかりです。

その中には、学童疎開をしていた私とさほど年の変わらない年齢の少女も、おそらく含まれていたでしょう。**戦争がこうした悲惨な事態を引き起こしたことは、伝え続けていかなければなりません。**

戦争と女たち〈後編〉

◆羽仁もと子のひと声で

前編では、戦争で過酷な目に遭った女性たちのことを書きました。当時のことを記録した、『戦後50年引揚げを憶う（続）証言・二日市保養所』（引揚げ港・博多を考える集い）、『水子の譜　ドキュメント引揚孤児と女たち』（上坪隆著　現代教養文庫）の2冊は、日本の戦後史の中でも、**もっとも弱い人の上に加えられた悲劇の記録**として、非常に価値が高いものだと思います。

これらの資料を読んで知ったのは、羽仁もと子（1873―1957）が主催する「全国友の会」の女性たちが、引揚者援護の呼びかけに応じ、重要な役割を果たしていたことです。**羽仁もと子は、日本の女性の最初期のジャーナリストの一人。**この本の版元である婦人之友社の創業者であり、自由学園を創立した教育者でもあります。

羽仁さんについて、私は以前から非常に親しみを感じていました。それは、私の育った家が東京・目白にあり、婦人之友社や自由学園のすぐそばだったからです。目白周辺を父が散歩すると、時折羽仁さんにお会いします。あちらも散歩をされていて、互いに会釈をし合う関係でした。

私が自由学園に通いたいと言ったときには、母が「うちは仏教ですから、ミッションスクールには通わせられません」。そういう家ではありましたが、雑誌『婦人之友』や、読者の組織である「全国友の会」の活動には非常に敬意を持っておりました。

その羽仁さんが、次々に上陸してくる引揚者の過酷な状況を知って、いち早く動いたのです。『婦人之友』1946年（昭和21）3月号では、「同胞を迎へ、引揚家族に対する『親類づきあひ』をはじめたいと願っています。その手始めとして近く友の会中央委員、ならびに本社特派員を上陸港に送り、その実情に即した計画を急ぐことになっています」（旧漢字は現代表記に修正）との記述が見られます。同時に福岡の友の会にも、**「引揚者への親類づきあひはじめたし、ようすしらせ」**との電報を送っていました。そして福岡友の会の若い女性たちが現地に見学に行き、支援活動が始まったのです。

◆引き揚げ孤児と聖福寮

引揚者たちの中で、悲惨な状況だったのは女性ばかりではありません。**引き揚**

げ途中で両親を失い、餓死寸前にやせ細った、虱《しらみ》だらけ病気だらけの孤児たちがいました。福岡友の会の若いメンバーで、福岡女学院の教職にあった石賀千賀子さんは、孤児たちの姿に衝撃を受け、教職を投げうって、この子たちのために働くことを決意します。ほかにも友の会の会員を中心に、10代から20代の若い女性たちが各地から参加しました。

終戦のちょうど1年後、1946年（昭和21）8月15日。福岡の街中にある聖福寺《しょうふくじ》の一隅に、44人の孤児を迎えた「聖福寮」がスタートします。関わった女性たちは保育の経験がない人ばかりでしたが、子どもたちと共に寝起きしながら、困難きわまりない仕事を行っていったのです。

骨と皮だけにやせ細り、歩くことさえままならなかった子が、少しずつ体重が増えて歩けるようになったり、入寮直後はごみ箱を漁っていた子が、温かい食事に次第に落ち着いていったり。中には助けられずに亡くなっていく子もいましたが、京城大学の小児科医だった山本健良医師を寮長に、保母となった女性たちの力で孤児たちは元気を取り戻していきました。

国の引き揚げ業務が終わるまでの7カ月間、聖福寮に滞在した孤児は164人に上りました。このうち身内に引き取られた子は114人、亡くなった子が4人、ほかの子たちは別の施設に移っていきました。ここで子どもたちに若い時間を捧げた女性たちは、その後、ほとんどが保育一筋の生涯を送っています。

◆逃げずに手を差し伸べた

戦争で、子どもや女性がいかに犠牲になったか。そして、**引揚者援護に大きな役割を果した女性グループがいた**事実を、戦後の日本社会は見落としてはならないでしょう。当時友の会のような働きをした団体は、ほかにはありませんでした。
羽仁さんについては、「戦争中は政府に協力していたのに、追放にもならずうまいことやった」という批判もあります。しかし、政府の信用と実績があったからこそ、有力者として声がかかったともいえるでしょう。そして、逃げずに手を差し伸べ、友の会の女性たちが驚くほどのスピードで行き届いた支援をした。このことだけでも尊敬に値します。

今も、ウクライナやガザでは戦争が続いていますが、なんとか平和を取り戻してほしい。この願いは世界共通ではないでしょうか。私は小学校6年で集団疎開を経験した世代。先生の教えの通り「国のために殉じる」などとオウム返しで言っていましたが、死にたいなどだれも思っていなかった。それが人間というものです。20歳そこそこで、生きたくて生きたくて仕方なかったはずなのに、死んでいった人たちのことも知っています。自分がやりたい仕事に巡り合い、おいしいものが食べられて、かつ平凡に生きている。人びとのこうした平和があっという間に失われるのが戦争です。

長寿社会は女のほうが多く生き残る社会です。そして、女が生き残る社会は、戦争のない平和への強い思いを持った、だれも差別されない社会にしなければ。

そうして品位ある地域社会をつくっていくことが重要だと思います。

（2024年2月記）

参考資料

『水子の譜　ドキュメント引揚孤児と女たち』（上坪隆著　現代教養文庫　社会思想社）
『戦後50年引揚げを憶う（続）　証言・二日市保養所』（引揚げ港・博多を考える集い）
『太田典礼と避妊リングの行方』（石濱淳美著　彩図社）

樋口さんヨタヘロ語録❽

人を決めつけず、
相手に好奇心と関心を持って
接することは、こちらの
ボケ防止にもつながります。

第3章

ただいま、ヨタヘロ怪走中！

要支援1の認定を受けました！

◆情報収集の必要性

私、このたび要介護認定を受けました。

結果は「要支援1」。寝起きするベッドの周辺2カ所と玄関の出入り口、わが家の要所というべき通路に「手すり」が設置されました（2023年7月設置）。このところ、「ぶらぶら病い」という日々を過ごしておりますが、おかげさまでようやく「気力回復」という気分になりました。だらしなくて申し訳ありませんが、**これが「91歳」女性の老いの「現実」**の一面です。

気力回復と同調するように、**私の活動能力とこれまでの住宅のあり様が、私の身に合わなくなっていたことを感じました。**あるときは同衾《どうきん》している猫に遠慮するあまり、私が猫のかわりに床に落っこちたり。

今回はベッドサイド、玄関、門扉からのアクセスなどに安定した手すりをつけること。とくに玄関、ベッド回りなど、体位を支える支柱と手すりを、合計（戸外を含めて）５本設置しました。

介護保険を利用してみて、情報収集が必要なことにあらためて気づきました。

私たち高齢者は、日本の国の制度に従って医療はじめ福祉の利用範囲などが変わります。

たとえば、後期高齢者医療制度によって、私のように75歳以上の高齢者は、保険料は安く、医療費も定額ですむ料金体系になっています。私は77歳のとき、生まれて初めてという大病（大動脈瘤感染症）を病み、運よく名医の揃った病院へ運び込まれ、大手術の結果、生命を取り止めました。「高齢社会をよくする女性の会」など、高齢女性の視点からの政策提言は、それまでの20年余の会の活動があってこそできたことです。

◆わが家の電話帳に「地域包括支援センター」を

今、介護保険のサービスは、基礎自治体の地域ごとに「地域包括支援センター」があって、多くのサービスが地区単位で提供されています。

たとえば私が住む東京都杉並区は、「杉並区」が基礎単位。人口約56万人。介護保険法に基づいた地域包括支援センターは全区合わせると20カ所あります。今、日本中に地域包括支援センターは５４０４カ所（２０２２年4月現在。厚生労働省）。介護サービスを高齢者に提供する拠点になっています。

介護保険を必要とする高齢者が、地域包括支援センターに利用を申し込むと、自治体から調査に来てくれます。申し込みは、本人や家族が出かけてもいいし、まずは電話でもいいでしょう。**65歳を過ぎたら、わが家の電話帳に「地域包括支援センター」と基礎自治体（区役所など）の情報部門の電話番号をお忘れなく記帳してください。**わが家の場合は線路を越えてすぐのところ、徒歩5分にある特別養護老人ホームの中に地域包括支援センターがあり、申し込んで1カ月ほどで自治体の認定員が面談に来てくれました。

結果が出たのはそれから1カ月後、「要支援1」という認定です。屋内外、私が自分の意思で活動できるよう合計5本の支柱、手すりが設置されました。使い勝手は「快適」のひと言です。

介護保険制度で要支援1というのは重い順に言うと「要介護5、4、3、2、

1、要支援2、1」という順ですから、最も軽い仲間です。それよりも軽いと認定されません。

◆人生2度目の〝義務教育〟のすすめ

介護サービスの負担額は本人の収入によって異なります。

そもそも毎月天引きされる介護保険料も本人の収入にスライドしていますから、このところ本の売れ行きが好調な私は、かなりの額の保険料を納入し、かつ今回のように新しいサービス受給が認められると、その負担額を収入に応じた決まりで納入することになります。

このたびの福祉用具に関しては、介護保険制度のおかげで市価よりずっと安価で良質のサービスを受けることができました。**高齢者たちの未来は「老いの人**

生」。老いがもたらす状況を事前に察知して準備することが必要です。

幼い日、学校へ行く準備をしたように。「老い」という、いやでも出会う日々を、できるだけ豊かに過ごせるように。老いれば自分を取り巻く法律制度も変わります。**「人生2度目の義務教育」**だと思って、自治体も人生百年時代の後半を生きる情報を、十分に提供してほしいと願っています。

樋口さんヨタヘロ語録 ⑨

食いあらためよ――。
高齢者の健康は
クスリよりも食生活で。

介護保険があってよかった

◆利用者側になってみて

要介護認定を受け、「介護保険制度の生みの親の一人」と言われてきた私も、いよいよ利用者側になりました。**初めてサービスを利用して思ったのは、「やっぱりこの制度があってよかった！」**ということでした。

先日「高齢社会をよくする女性の会」のメンバーと、厚労省の事務次官に対面する機会がありました。介護保険制度は、スタートのときから賛否両論。この20

年以上の政策には、正直言えば疑問を持ったこともありました。今回もどのような対応をされるか、おそれながらうかがったのです。

開口一番、事務次官が言われたのは「介護保険は〝ゼンセイ〟だったと思います」という言葉でした。私は一瞬、「ゼンセイ」とはどんな字を書くのかと迷いましたが、「善き政治」だと思い至りました。**行政の最高責任者が頬を紅潮させながら、「善政であった」と自己評価されている。**総じて言えば、合格点ということでしょう。それを聞いて、へらへらと腰が伸びてしまうくらいに安堵いたしました。

◆家族が担わなければならないの？

そこであらためて、私が高齢社会について考えるようになった理由をふり返ってみたいと思います。

きっかけは、最初の夫に**「僕たちは国立大学で税金を使って学んだのだから、国に返せるよう人の役に立つことをしたらどうか」**と言われたことでした。35歳という年齢で、早くに他界してしまいましたが、このひと言だけでも夫を今も尊敬しています。

評論家として活動する中で私が問題意識を持ったのは、戦前から続く男女差別や主婦の役割でした。ちょうどそのころ、老人福祉や介護の問題が注目を集めるようになります。それ以前から老人福祉法はあって、寝たきりや認知症の問題を解決しようとしていましたが、日本の介護は基本的に家族（とくに長男の嫁）が担うのがあたりまえでした。担いきれない部分だけを、施設などが「措置」として行っていたわけです。

1978年の厚生白書には、「同居（家族）は、わが国の福祉における含み資産」だと明確に書かれています。今でこそ結婚しない人が増えましたが、みんなが結婚していた時代、苦しい思いをしている嫁も多くいました。

「なぜ、すべての介護を家族が担わなければならないのですか？」

異議を唱えると「そうだそうだ！」と、同じ思いを持つ女性たちからも声が上がり、大きなホールを満員立ち見にするほどの人が集まったのです。そのとき私は40代後半でした。

介護が長期化し、重度化することを肌で感じていた女性たちは、「同居すれば介護は解決する」という、お気楽な考え方に反発していました。こうした考えに賛同してくださった生命保険会社のおかげで、**大きなシンポジウムを3年ほど開催。その流れで生まれたのが「高齢社会をよくする女性の会」であり、ここで話し合ったことが、介護保険制度創設へ**とつながっていったのです。

◆憲法27条にときめいて

ふり返りついでに、もう少し人生をさかのぼってみることにしましょう。私が15歳になった1947年、日本国憲法が施行されました。同級生の友人たちが、女性の人権を確立した14条や、平和憲法9条を話題にする中、私が一番ときめいたのは27条。

「すべての国民は、勤労の権利を有し、義務を負う」

という言葉でした。働いて社会に貢献することは権利と義務、というメッセージに「これだ！」と武者ぶるいしたものです。だからこそ、**働きながら生きていきたい**と思いました。そして**女性だけでなく、体のどこかが悪い人、障がいのある人も、働きたいと思ったらそうできる環境**を国が整えるべきだと思ったのです。これが私、樋口の原点。

ですから思うのです。女性には、ますます社会で活躍していただきたい。**「ケア（介護）」のためにワークやライフをおろそかにせず、社会の一翼を担う義務と責務を感じて生きていただきたい**、と。

時代が変わり、表向きの男女差別はなくなったとはいえ、介護は今も圧倒的に女性の役割です。そして、高齢になるとおばあさんが多くなるため、介護される人の多くも女性です。女たちの介護が今後も続くことはたしかですが、親が90歳や100歳になるころには、娘世代もおばあさんになっている。だからサービスとしての介護が重要なのです。

よくも悪くも私たち、90年は生きなくてはなりません。私は今そのただ中で、老いていく日々の大変さを実感しているところです。国民の声、女性の声がつくった介護保険をうまく繰り回し、国民全体が支え合う新しいケア社会をつくりたい。ヨタヘロ期をみんなで支え合うことが、日本の社会を明るくするのだと信じています。

樋口さんヨタヘロ語録⑩

若いころは文化系だった人も
年を取ったら
少しずつ体育系に。
お金がかからず始められるのは
お散歩です。

モノを気持ちよく手放す方法

◆思い出や縁がつまったモノたち

84歳のとき、家を建て替え引っ越しました。以前の家から仮住まいへ、仮住まいから建て直した家へ、都合2回の引っ越しを経験したわけです。その中で**何よりも大変だったのは、荷物の整理**でした。

そもそも私は、子どものころから整理が苦手。小学6年で集団疎開をした先で、級友たちから「あなたの荷物、ちょっと片づけて。みんな困っているのよ」と注意されたことは、今も忘れられません。あたりを見まわすと、ほかの人はみんな自分のモノをきちんと片づけているのに、私は風呂敷でぱぱっと包んだだけ。それが隣の人のスペースにはみ出していたのです。

「おっしゃる通り、ごめんなさい！」

このとき私は、人一倍片づけが下手なのだということを自覚しました。

そんな私が80代半ばになって引っ越しをすることになり、同居する娘に「荷物を半分にするように」と宣告されました。娘から見たら雑物ばかりかもしれませんが、私にとっては**一つひとつに思い出もある。**それに、**人間関係というものは、モノを媒介にして成り立っている場合が結構あります。**古いモノをバッサリ捨てるということは、人とのつながりまで捨ててしまうことになる気がして、相当抵抗がありました。

とはいえ、収納スペースには限りがあります。渋々ながらも荷物を減らすことになりました。片づけるとき、多くの人は洋服の処分に悩むそうですが、私の場合、洋服についてはもともとうまく手放せていたほうだと思います。

70代まではテレビに出ることも多かったので、洋服はとにかく数が必要でした。同じ服を何度も着られないので、当時から親戚や助手、お世話になっている方たちの**「譲渡ネットワーク」をつくり、みなさんにお譲りしていたのです。**

自分では「譲る」つもりでも、相手にとって「押しつけ」になっては困ります。「よろこんで引き取ります」と言ってくれる人に譲渡会を開き、**そのたびに食事会もしながら部活動のように楽しんで**きました。引っ越しのときにも、このネットワークに助けられました。

◆次の人に使ってもらうと考える

問題は、書類や資料など本の整理でした。こちらは手にとると、過去を思い出すからです。「この本は、出版当初はお金がなくて買えず、先輩に貸してもらっていたけれど、がんばって仕事をしてようやく自分で買えた」とか、「この書類は必死で書いた本のために集めた資料だ」とか、仕事の一場面、一場面が浮かびあがってくるのです。

私にとって本や書類は、まさに人生の一部。それらを捨てるなんて身を引きちぎられるようなつらい気持ちになりました。

しかし、いつまでも捨てられないと引きずっていては、引っ越しができません。**発想を転換し、今後だれかのお役に立てるならと、古本屋に買い取ってもらった**ほか、世界名作全集などは「子どもに読ませたい」という人に譲りました。おかげで心が少し軽くなりました。

とはいえ、減らせたのは全体の4分の1程度。娘に命じられた「半分」にはとても到達しませんでした。

本というのは、何かを調べたいと思ったとき、すぐ開けるよう身近に置いておきたいものです。「これは手放してもいいだろうか?」「手元に残したほうがいいのでは?」などと考えているうちに、体力も気力も消耗していきます。それに、どうしても手放せないものだってある。**片づけているうちに疲労困憊し、判断する気力もなくなって**いきました。

そういうものに関してはあきらめ、片づけきれなかった本や書類は、**「〝私有物処理費〟を遺産に上乗せするから、お願い!」と、最終的には娘に任せる**ことにしました。

◆形見配布パーティーを

そのほか、自分で思いついて「いいアイディア!」だと思っているのは〝形見配布委員会〟を発足したことです。おしゃれは若いときから大好きで、アクセサリーやスカーフなどを集めてきました。

いずれも高価なものではありませんが、石や真珠は本物ですし、海外に行くたびに記念にと買い求めてきたスカーフは、新品がタンスの引き出し三つ分もあります。これらを、お世話になった人に形見分けしたいと考えています。

そのため、**親しい人や仕事仲間、年下の親戚たちを〝形見配布委員〟に任命。**このブローチはこの人に、あのネックレスはあの人に、と分配を考えてもらうことにしました。ただし、アクセサリーに関しては、すべて合わせると結構な数になります。委員の頭を悩ませるのも悪いので、私が亡くなったあとには食事つきの〝形見配布〟パーティーを開いて、それぞれ好きなものを持って帰ってもらいたいと考えています。

形見の品を通じて縁をつないでもらえたら、こんなにうれしいことはありませ

ん。そのころ私は天国で、いや地獄かわかりませんけれど、その様子を見ているはず。「そのブローチはあなたより◎◎さんのほうが似合うわよ」なんて注文をつけているかもしれません。

樋口さんヨタヘロ語録 ⑪

ケアされ上手な人の共通点は
「ありがとう」が言えること。
かなりわからんちんでも
どこかにユーモアがあること。

恥ずかしながら顕彰制度を始めました

◆ヨタヘロは日進月歩

私、2022年5月の誕生日で、満90歳、一般に言われる「卒寿」を迎えました。**生きも生きたり、90歳！**

私にとってのコロナ禍は、「高齢社会をよくする女性の会」の理事長を務める身でありながら、コロナの行方に気を取られ、「全国大会を開けるかどうか」

「勉強会は全部オンラインにするか、リアルと併用でいくか」、そんな動きに一喜一憂し、**自分が年を重ねていくことをしばし忘れていた**ことです。

私は確実に年を取り、創立以来の全国の仲間たちも年老いました。今回の総会を機会に、地域の会を閉じる、という県単位のグループからの残念なお知らせもやって来ています。

ここ2〜3年の私の心身状況の変化、ヨタヘロぶりは日進月歩、とどまるところを知りません。記憶のほうも、固有名詞が出てこないことなど日常茶飯事。有能な助手の力を借りて執筆活動は辛うじて保たれています。同世代の人の動きを見ると、**頻繁な友だちづき合いは70代いっぱいからせいぜい80代半ばまで。**私もこの2〜3年、親友のお葬式も欠席が続いていますが、自分のできる形で人とつながることができればと思うのです。

◆生きてるだけで丸もうけ

さて、顕彰制度です。コロナに追われて見失っていた年齢を自覚し、私は自分の**社会活動の店じまい**を考えざるを得なくなりました。「高齢社会をよくする女性の会」は総会を開き、この2年の間に真剣に「世代交代」に取り組むことになりました。その中で、役員の中から**「樋口恵子賞」という顕彰制度を私が生きているうちに始めよう、**という提案があり、あっという間に具体化しました。

話の発端は15年ほど前。半世紀にわたる畏友の赤松良子さんが、政府の局長、そして大使に登用され、ご立派に職責を果たし、大学で教職についておられるときでした。官界を引退する記念に、退職金の一部を使って「赤松良子賞」をつくりたい。10年なら10年の期間限定でも、女性の活動を励ますことができたらいいではないか。その心意気に触発されて、思わず「私もやるわ！」と叫んでしまったのです。とはいえ当時私は70代に入ったばかり。人生百年時代とあってはまだヒヨコ気分でした。

それがあっという間に90歳。腎臓炎、肺結核、初期の乳がん、大動脈瘤（これが一番死にかけた）、数々の病いをくぐり抜け、ついにたどり着いた90歳。嬉しくて**「90歳、生きてるだけで丸もうけ」**と言ったら「品が悪い」と叱られました。**「丸もうけ」は少し上品に言えば「ただ感謝あるのみ」**ということです。

◆足を引っ張らず、手を取り合って

ここ30〜40年のことですが、私はNPOの事務所を住所に、私名義の銀行預金通帳をつくって貯金を始めました。私など先輩の女性たちに比べれば大した仕事をしたわけではないのに、それぞれ実績ある女性団体などから個人として表彰され、賞金をいただくことがあるようになりました。ソロプチミストの賞、エイボン女性大賞、つい最近は津田梅子賞。こうした賞金を別建てで貯金していたら、いつの間にか一千万円を軽く超えていました。

私は「樋口恵子」という固有名詞の顕彰制度だなんておこがましい、と小さくなりました。これでも結構気を遣って世の中を生きてきたのです。ところが会員の有志は、それほどエラくなくても、時限つきの顕彰制度はあってもよい、という意見でした。**さわやかな発見や小さな活動を踏み出した勇気に注目する、いいね、やってみて、と声援を送る。足を引っ張るのでなく、手を差し伸べ合う。**

これからの福祉の主体は「地域」と長いこと言われながら、国会議員以上に女性がなりにくいのは自治体議員だとも言われます。子どもも高齢者も、女も男も**すべての人の息づかいがもう少し安らかになるように。勇気を持って手を挙げた人の手を、共に支える力になりたい**と思います。

◆表彰の持つ意味

私たちの会の40年の活動の中で、「表彰」について意見を表明したことがありました。1970年ごろから全国各地にひろがった「介護嫁表彰」について、若干の疑問を呈したのです。介護は嫁の役割という常識が幅をきかした時代、四国の一県が「要項」をつくり、中国地方の町村部でも「条例」が議会を通過したところがありました。「皆で助け合おう」という介護保険制度スタート直前の日本の在宅介護事情です。

私は全国を講演して歩きながらこのような事情を知り、表彰より早く介護保険を、と提唱しました。一方で表彰の持つ意味についても再考させられました。表彰されたお嫁さんたちがそれなりに喜んでいるのです。

「嫁の介護はあたりまえと思っていた夫が、町長から表彰されるなんて、と喜んで賞状を店に飾ってくれた」「小姑たちは、表彰式に着ていく服をつくってくれた」など。

地域によっては、表彰によって初めてそれがどんなに大切で大変なことかという認識につながる――。そんな**社会の善意が出会う場としてこの制度が育ってくれますように。**

2回目の樋口恵子賞の授賞式を控えたある日、新聞の俳壇に自分の名前を発見しました。

「津田梅子樋口恵子や天高し」

女性の名前を冠した賞が、同じ時期に贈られることを「天高し」と祝いでくださっているのです。うれしくありがたい気持ちになりました。

樋口さんヨタヘロ語録⑫

人生の最後に、
自分はどれだけ人の役に立てるか。
みんながそう考えられる
世の中になったら、
日本はよい社会になると思います。

講演という名のコミュニケーション

◆コロナ禍を抜けて

この3年ほど「コロナ禍」という外鍵がかけられたような毎日でしたが、ようやく集会、勉強会などリアルな「対面」が復活しています。前章で紹介した「ヤングケアラー勉強会」も講師、出席者双方の熱意が重なって、今後の取り組みが明確になったよい集会でした（「高齢社会をよくする女性の会」主催）。

それやこれや、コロナ体験を身近に置きながら、**私たち一人ひとりの自己形成、そして時代を生きる「市民」として自己形成していった過去**をたどって考えてみました。そして明治時代から**「世論」形成に、思いがけず一般の人たちが自由に参加し、自分自身を積極的に育てている側面がある**ことに気づきました。

テレビはもちろんラジオの普及率、新聞の購読率も少数のインテリに限られた時代でしたが、女性の中にも識字層は拡大していました。なんと言っても1872年（明治5）施行された「学制発布」。女子の義務教育普及率は当初男子と倍以上の格差がありましたが、明治末期には男子と同等の90％以上に達しています。

◆若い日の平塚らいてうも市川房枝も

女性の大先輩たちの活動のあとをたどろうと、古い書籍などに目を通していると、思いがけない大先輩たちの**「生《な》まな」出会い**を発見します。

たとえば、『青鞜』主宰者の平塚らいてう（1886年生まれ）と、女性参政権獲得運動のリーダー市川房枝（1893年生まれ）は、個性の違いを超えて協力し合った時期もあり、私たち後輩が仰ぎ見る存在です。初期の出会いは1919年（大正8）、地元名古屋地方の講演・視察の案内役に立ったのが、20代半ばにさしかかった市川房枝。『青鞜』の主宰者として名を挙げた平塚らいてうが30代前半のときでした。この旅で二人は今後の活動について話し合ったことから、のちの「新婦人協会」の構想がまとまったのでした。

1919年発足の新婦人協会が最初に選んだ活動目標は、市川提案の治安警察法の改正、平塚提案の花柳病男子の結婚制限の法制定でした。人数にしては僅かだったかもしれませんが、**今の私たちが女性解放運動の始祖と仰ぐ二人の若い女性**が、生ま身の身を寄せ合いつつ、現地（愛知県）の講演会場に向かわれた。**女性史の中にも、そんな出会いが数知れずあり、おたがいに刺激し合っていたと思**

います。

日本の明治維新後「下からの近代化」と呼ばれる「自由民権運動」。小学校のころから才媛の名が高かった岸田俊子は皇后の信頼を受けて「孟子」などを進講した、と言われます。当時は男性の世界も自由民権運動の花盛り。俊子も日本立憲政党の仲間入りをし、時のリーダー中島信行と結婚します。のちに女権運動家として高名になった景山英子は当時18歳で、俊子の演説から大きな感動を受けた、と言われます。

その後、名流女性となった俊子と、貧しい中で節を曲げずに生き通した景山英子は、生き方はずいぶん違うようですが、**この時代の女性がその一生の生き方をそれぞれの「講演」の中に見出した、**という事実は長く記憶と記録に残したいと思います。

◆生ま身の出会いを大切に

いろいろな文献をひもとくと、さまざまな禁止・規制の多かった時代のもとですが、実にたくさんの講演会や講座が開かれていることにびっくりします。たとえば1900年（明治33）に制定された治安警察法によれば、女子は未成年者と並んで、結社ばかりか集会に参加することも禁止され、これは大正11年まで続きます。

かつて私は、市川房枝先生にこんな思い出話を伺ったことがあります。いろんな講演会を聞きたくて聞きたくて、地味な着物に小倉のはかま、男の書生（学生）さんの服装で入ってみても、そこは若い女性であることが見破られ「帰れ、帰れ」「あした始末書を書くのに交番に出頭せよ」。警官によっては「せっかく来たんだからここで聞いて行け」と言ってくれる警官もいました。戦後になって聞いた話ですが、市川房枝さんがこの間書き残した「始末書」は、重ねると5センチになったとか、いや7センチだったとか。

二度とこんな始末書を必要とされる時代はごめんです。と同時に、**同時代を生きる人々の思いを、その息づかい、ため息、共感の拍手**などなど、いつも以上に私たちはこのコロナ禍の間、そのようなことに接する機会が少なかったように思います。

『婦人之友』、『明日の友』読者の方々は、この間思いがけない「生ま身の出会い」体験をなさったのではないかと存じます。どうぞそのような体験をご大切に。

樋口さんヨタヘロ語録⑬

年寄りが
機嫌よく暮らせる社会は、
光ゆたかな社会です。

さかい・じゅんこさん
1966年生まれ。日本の女性の生き方・考え方をテーマに執筆。『家族終了』（集英社）『おばあさんの魂』（幻冬舎）など、家族やシニア世代についても多くの著書がある。

第4章

講演&対談

樋口恵子×酒井順子（エッセイスト）

「おばあさん学」入門

「高齢社会を自分らしく生きるには？
今日はみなさんと作戦会議を」と
客席に話しかける樋口さん。
文学から多様な
おばあさんの姿を伝える酒井さん。
それぞれのウイットに富んだお話と、
お二人の息の合った対談をお届けします。

大おばあさん時代がやって来た　樋口恵子

おばあさんはおじいさんの2倍

みなさま、こんにちは。よくおいでくださいました。

私からは、最初に**「今やおばあさんの時代である。もっと自信を持とう」**と申しあげたい。はっきり言って、おばあさんがこの世の中の主役です。

酒井さんはおばあさんを実によく研究して書いていらっしゃいます。おばあさん学の第一人者が酒井順子さん、二人目が樋口恵子ですから、今日は「おばあさん学入門」になると思います。

今（2021年厚労省調査）、日本人の平均寿命は女性が87・57歳で世界第1位。

男性は81・47歳で世界第3位。女性のほうが6歳ちょっと長生きです。小学校に入ったときは、ほぼ男女同数。その風景が焼きついているので、どの年代も男女同数と思っていますけれど、**年を取れば取るほど、男性のほうが先に亡くなり、85歳を過ぎると、おばあさんはおじいさんの2倍いる**勘定になります。

近年、健康寿命というのが言われるようになりました。男性は健康寿命と平均寿命の差が8年半ほど。ところが、女性は健康寿命（75・38歳）との差が12年。つまり、男性に比べて健康寿命が3年も短い。おばあさんに発奮していただきたいのは、健康寿命を延ばそうよ、ということ。どうすれば延びるのでしょうか。私は今日のような集まりも、その経験交流と作戦会議の一つだと思っております。

男性は、要介護になる原因の第1位は心臓・循環器・高血圧で3割です。女性は3割が手・足・運動器の故障です。どうぞ今日はまちがっても帰りに転んで、なんていうことにならないようにしてくださいね。外に出て歩き続けることはとても大事ですが、女性の要介護になる3割が運動器、手足の故障だということをぜひ忘れないでいただきたいと思っております。

福祉も世界一の国になるには

男女合わせた日本の平均寿命は、世界一です。65歳以上人口は全体で29%と3割近くになっていて、これも世界一。ついでに申しますと、第2位がイタリアで24%、第3位がフィンランド23%でございます。

だれが見ても日本は**世界一の高齢者大国**ですが、では日本は福祉も世界一かと申しますと、介護保険をはじめ、いろいろ努力してまいりましたけれど、そこまでいっていない。これからは、女性の高齢者が力を合わせて、高齢者が元気よく生きられる国にしていくために声をあげていかなければなりません。なにしろ85歳以上のおばあさんはだいたい一人暮らし、シングルアゲイン。**その家族の最後の一人として生き残るのは女性**なのです。私たち世代は、女一人で高齢社会を生きる方が膨大に増える初代です。

私は先日、誕生日を迎えて91歳となりました。子どものころは結核で1年半も休学して、見かけのわりに弱々しかったのに、よくぞまあ91まで誕生日を迎えられたものです。心から感謝すると同時に、次に浮かんだのは「いっぱい生きちゃったら生活費、大丈夫かしら」でした（会場笑）。私は勤めておりましたから、わずかながらも勤労者としての年金があることはありがたいことだと思います。

世界一の高齢社会である日本は、かくのごとくおばあさんの多い社会でございます。おばあさんがしっかりしなかったら、日本はヘナヘナとなってしまう。**おばあさんが路頭に迷うようなことがないように、住宅政策など経済的に生きられる状況を**つくっていただ

きたいと思っております。ぜいたくは言いませんから、**一生が、公的年金とか個人の努力でできる範囲内の貯蓄などで賄えるように、年金制度を見直す**ことも必要だろうと思います。

平和のおかげを大事にしよう

私たちの年代あたりから、戦争を生き延びた高齢者が増えることに、一種の責任感を感じております。

私は昭和7年生まれで、集団疎開学童でございます。日本の徴兵検査の最後は昭和2年生まれです。私の連れ合いはその年の生まれで、乙種合格して、年末になったら召集令状が来るかもしれないと思っていたそうですが、8月15日に戦争が終わりました。最後の徴兵検査を受けた男の人は、戦災死は結構いますけれど、戦死をしておりません。つまり、**私たちは命拾いをした一番上の世代ですから、命を大切**

にしなければと思っております。

今、こうして**みなさまにお会いできるのは平和の証**でございます。私も連れ合いも生き延びることができ、数少ないものの子どももつくることができた。この平和のおかげを大事にしようではないかというのが、今日一番先に申しあげたいことでございます。

そして、生き延びて、今を生きる圧倒的多数が女性、日本の超高齢社会をよくするも悪くするのも、われら女性にかかっていると申しあげたいと思います。

昭和の「おばあさん文学」　酒井順子

樋口さんのファン代表です

今日は樋口恵子さんのファンの方々がたくさんお集まりと思いますが、私もかねて樋口さんの大ファンで、たくさんのみなさんのファン代表として、お話をさせていただきたいと思います。

樋口さんが言葉のセンスが抜群なことは、みなさんよくご存じだと思います。**「ローバ**（**老婆**）**は一日にしてならず」**「**いつまでもあると思うな、空腹感**」という言葉も、私、大好きです。1994年に永六輔さんの『大往生』が大ベストセラーになったときに、樋口さんは「**大往生は男の発想。女は介護で立ち往生**」と書かれていた（会場笑）。

これは素晴らしい言葉だなと思いました。男性は「大往生」などと言って死を想い、考えたりしているけれど、一方で女性たちはこんなに大変なのだ、と。このあとに介護保険法創設に関わられているので、本当に私たちの恩人だと思いながら、いつもご本を拝読しております。

私は1966年の生まれで、今年57歳、おばあさん社会の入口に立っているような年齢です。60歳ぐらいから30年、40年と長く続く高齢期を、どのように過ごしたらいいのかを、今日は樋口さんにぜひお伺いできればと思います。

樋口さんのご著書『老～い、どん！』や『どっこい生きてる90歳』が大ヒットしていますが、**この10年くらい、高齢者の方々のための本が大変売れています**。佐藤愛子さんの『九十歳。何がめでたい』が出たのが2016年。同じ年にリンダ・グラットン著『LIFE SHIFT（ライフ・シフト）』が出たことによって、「人生100年時代ブーム」が起きました。しかし高齢者向けの本が、このあたりから急に出てきたわけではなく、昭和の時代にどのような「おばあさん文学」があったのか、みなさんと思い返してみたいと思います。

人生の終焉を感じて描いた作品

戦後の高齢者文学で思い浮かぶのは、深沢七郎さんの『楢山節考』、有吉佐和子さんの『恍惚の人』。今は樋口さん、佐藤愛子さん、お亡くなりになった瀬戸内寂聴さんなどが、高齢となってご本を書いて、私たちに世界を示してくださっていますが、『楢山節考』が書かれたのは深沢さんが40代前半、『恍惚の人』も有吉さん40歳のときの作品です。有吉さんは、35歳のときに記憶力の衰えから老いを自覚され、「老年学」を5年ほど学んでから『恍惚の人』をお書きになったのだそう。実は30歳のときに『三婆』という小説を書いていますので、有吉さんの早熟の証と思われます。

『楢山節考』は1957年の小説で、主人公の「おりんばあさん」は69歳。出版時の日本の平均寿命は、女性は67・6歳ですので、70歳はだいぶ高齢という感覚があったでしょう。『恍惚の人』は1972年に書かれた小説で、女性の平均寿命は約76歳、男性は70歳と、平均寿命は上がっています。

作家の方々は、**このように平均寿命との関連よりも、自分の人生が終焉に入ってきたかどうかという部分で、小説をお書きになるのかな**と、私は考えております。有吉さんは享年53歳でしたが、『恍惚の人』を書いた40歳は、人生の終盤に差しかかっている感覚を、どこかでお持ちだったのかもしれません。

それから、戦前の小説に岡本かの子さんの『老妓抄』があります。老いた芸妓さ

んが、自分の人生でできなかったことを若い男性に託すという小説です。岡本さんは享年50歳で、この小説をお書きになったのは50歳になるかならないかのころ。最晩年の作品です。作家の方というのは、自分の人生がここでおしまいになってくるということを、感覚として持ったうえで小説をお書きになるのかなという気がしております。

『姥ざかり』『いよよ華やぐ』に見る女性像

昭和のおばあさん文学と言って思い浮かぶのは、田辺聖子さんの『姥ざかり』シリーズ。お読みになった方も多いかと思います。第1作が1981年に出た当時、田辺聖子さんは53歳。やはり、まだお若いうちに書かれたという印象を持ちます。

『姥ざかり』の主人公である歌子さんは76歳。嫁いだ船場の問屋を引退して、悠々自適の一人暮らしを気ままに楽しんでいます。好きな洋服を着て、好きな人にしか会わない、かわいいおばあさんになんかなるものか、と元気な歌子さんは、「おばあさんは親戚と集まる法事が好きだと思われているみたいだけれど、法事なんか大嫌いだ」「ぜいたくはしても浪費はしない」とか、「年を取れば、自分で自分を敬わなければいけない」とかこのシリーズにも名言がいっぱい。シリーズは10年以上続き、最後は歌子さんは80代になっていますが、**自分のしたいことをどんどんしていくので、この小説も、当時の高齢の方々にずいぶん楽しみをもたらした**と思われます。

もうひとつ、昭和のおばあさん文学として挙げたいのは、瀬戸内寂聴さんの『いよよ華やぐ』。これは、俳人の鈴木真砂女さんをモデルにした作品です。『いよよ華やぐ』というタイトルは、先ほどご紹介した岡本かの子さんの『老妓抄』の最後にある「年々に、わが悲しみは深くして、いよよ華やぐいのちなりけり」という歌から取っています。

瀬戸内さんは77歳のときにこの小説を書かれていますが、主人公の阿紗女さんは91歳。真砂女さんと同じく、小料理屋をしながら俳句も詠むというお元気な女性です。主人公のほか、84歳と72歳の女友だちが出てくるのですが、それぞれが非常に豊富な恋愛経験を持っていて、3人の高齢女性が自分の元夫や元彼の思い出話などをしながら、かつての恋を反すうする。瀬戸内さんの恋多き人生を彷彿とさせる、瀬戸内さんらしい物語です。当時の高齢女性向けの雑誌では、**何歳になっても女性も恋をしましょう**という話題が多く、時代に非常に合った作品です。

高齢者向けの本がどんどん刊行される現在ですが、昭和時代のおばあさん文学を読むと、おそらくは明治生まれと思われるおばあさんたちの骨太さに目を見張ります。ぜひ昭和のおばあさん文学も、読み返してみていただければと思っております。

対談

老いはとっても個性的

長生きしてよかったことは？

――樋口さんは酒井さんのご本『家族終了』『おばあさんの魂』に、解説をお書きになっていますが、酒井さんのご本をいつもどんなお気持ちで読んでいらっしゃいますか？

樋口　大ライバル出現、どうしよう（笑）。でも、本当によく高齢者を分析してくださってありがとうございます。**酒井さんには、ぜひともおばあさん研究者として、生涯を捧げていただきたい**と思っております（会場笑）。

酒井　私がおばあさん好きなのは、子どものころ3世代同居をしていて、**明治生まれの祖母から、少なからぬ明治のエキスを受け継いだ**からではないかと思うんです。一緒に住んでいた祖母は99歳まで、もう一人の母方の祖母も101歳まで生きましたので、**まさに人生100年時代を実感しながら**生きてきました。

樋口　酒井さんのご本を読んで、とてもうれしかったのは、家庭科の男女共修に共感を示してくださったことです。

酒井　うちの前に保育園があるのですが、毎朝夕の送り迎えに来るお父さんが本当に増えました。今朝は池袋駅からこちらにまいりましたが、お父さんが赤ちゃんを抱っこして、保育園に送り届けてから会社に行く、という姿も何人か見かけました。

子育てに対する参加意識は、今の若い男性はすごく高くなってきていると思うんですね。それというのも、彼らは家庭科の男女共修世代。今、女性が結婚相手を選ぶときに、家事をどのくらい担ってくれるかが大きな問題になっていますが、**今の若い人たちは家事を「手伝う」という感覚ではなく、共に半々担う**という感じになっているのではないかと思います。

樋口　私の若いころは技術・家庭科という教科があって、男の子は技術室へ、女の子は家庭科で料理したり浴衣を縫ったりしていました。この**差別のおかげで今の高齢の女性は技術に弱く、ＩＴに関する情報が男性よりずっと遅れています。**諸外国に比べてもそうなんです。今、国はその対策の政策に予算を組んでいます。つまり差別の結果は高くつくと申しあげたいです。

酒井　樋口さんは90代になられて、80代のときとは何か違うと思うことはありますか？

樋口　はい。さっき申しあげたように、「お金の心配」が大きくなったこと。そしてこれまで「女性の生き方はどうあるべきか」について、いろんな論争がありましたが、社会学者のアンデルセンさんが書かれた「これからの社会において、**男は仕事、女は家事や育児という性別役割分業がますます廃れて、男性も女性も生涯を通して働いて、自分の年金などを持つようになる**」ということが、社会の定説になっていくのではないかと感じられます。

もちろん、妊娠・出産という重大な役割は簡単には肩代わりできないことですから、女性に一定の休暇や優遇措置は必要ですが、**この流れを知ることができたのは、長生きしてよかった**と思うことです。

遠くの親戚より近くの他人

酒井　樋口さんは「かわいいおばあちゃん」にはなりたくないと、ご本にお書きになっていたと思うのですが……。

樋口　誤解されるといけないから言っておきますけれど、かわいくないおばあさんより、かわいいおばあさんのほうがいいと思っております（会場笑）。ただ、ひところ流行語みたいに「年を取ったら余計なことは言わず、家庭で喜ばれる手伝いをして、文句は言わず、かわいいおばあちゃんと言われる人になりたい」などと書かれてあるのを見て、「何言ってんのよ！」と反発があったんです。それで「かわいいおばあちゃんは理想だろうか？」と何かに書いて、**「アンチかわいいおばあちゃん派」の年寄りを目指していた**ところもございます。

酒井さんはいかがでしょうか。まだ、おばあさんには遠い年齢だと思いますけれど。

酒井　若い女性向けの雑誌でも「愛されファッション」とか「モテファッション」とかがはやっていた時期があって、おばあさんになっても、愛される自分を目指さなくてはいけないのかと思うと、ちょっと気が遠くなる思いになったことがありました。

もう一つ、**私の母世代には「人に迷惑をかけたくない」とおっしゃる方がすごく多くて**。愛されるおばあさんにならないといけなくて、迷惑もかけちゃいけないというのはすごく大変なことではないですか？

樋口　そうです。よくぞ言ってくださいました。結論を申しあげたら、**年を取ったら迷惑かける。迷惑をかけるから老人なんです**（会場笑）。高齢期という時期を社会全体で支え合いながら乗り越えていかないと、この社会はもちません。65歳以上が29％になっていますし、今は、高齢者も一人暮らしが当たり前になってきていますから。

私は国勢調査的には、娘と二人暮らしです。ただし、娘は専門職を持ちずっと勤めていますから、昼間は一人なんです。この間、玄関で転倒しました。ふわっと左の頬骨を玄関のたたきに打ちつけて、瞬間的に目から火が出ました。まあ気絶はしなかったので、やっとこさ起き上がって、少し前まで立ち話をしていたお隣に行きました。かくかくしかじかで、大丈夫だろうと思うけれど、娘と、親族などに電話で知らせてほしいとお願いしました。すると、30分たたないうちに4人くらい集まってくださった。**つくづく遠くの親戚より近くの他人**と思いました。

東京都監察医務院への届け出を調べましたら、**お年寄りの交通事故死より、昼間に一人で家の中で事故に遭う人のほうが多い**んです。入浴中に浴槽で溺死なさる方も多い。浴槽なんて低いから手で支えればすぐに立ち上がれると思うのに、ある年齢になると足が滑ったり手が滑ったりする。

「恋に溺れる18歳、風呂で溺れる81歳」です（会場笑）。

これが現実なのですよ。今日お集まりのみなさま方も、第一にお願いする方はどなた、その方がだめなときはだれというように、**何かのときに頼める方をぜひリス**

トアップしておいていただきたいと思います。

「このおばあちゃん」と呼ばれて

――樋口さんは酒井さんのご著書の解説の中に「だれ一人『ただのおばあさん』は居ません。みんなみんな、かけがえのないその人の人生を、女の人生を生きてきたのです。幸いにまるごとそれを認め引き継いでいこうという酒井さんがいます」と書いていらっしゃいます。

樋口　ええ、よくその若さでお書きになったと思いました。

酒井　昭和のおばあさん文学を読んでいますと、おばあさんの枠に収まらずに、**おばあさんらしくではなく、自分のしたいことをして楽しく生きていきましょうよ、**というメッセージが込められています。

「おばあさん」という言葉が登場すると、その言葉の中にみんなが押し込められてしまう感覚があると思うんです。その感覚の始まりって、もしかしたら「おばさん」という言葉かもしれません。私たち世代でも、「もうおばさんだから」とつい口癖のように言ったりしています。「**おばさん」だろうと「おばあさん」だろうと、年齢で分けた「くくり」の中に、勝手に自分を押し込めないほうがいい**のかなと思います。

樋口　私ね、オペラを見に行った帰りに、いつものタクシー乗り場が工事中で、場所がわからなかったんです。だから、いつも並んでいるところに行って「ここから並びますね」と道路工事の人に声をかけました。すると、私よりも後から来た人がどん

どん前に出てタクシーを拾おうとする。そのとき道路工事の人が「このおばあちゃんが、一等先頭」と言ってくれたんですよ。これは、ジーンとくるくらいありがたかったです。こういう使われ方ならば、**「このおばあちゃん」と呼ばれてもちっともいやではございませんでした。**「ありがとうございます」って最敬礼して、乗って帰りました。

酒井 樋口さんくらいの世代の方を、どのようにお呼びしていいか、迷うときもあります。

樋口 おばあちゃんでいいと思いますよ。まあちょっと丁寧に言うなら「おばあちゃま」とか（笑）。

酒井 昔は「ご隠居さん」という言い方もありましたよね。

樋口 いや、ご隠居さんというのはいかにも隠居っぽい。私はおばあちゃまでいいと思いますけどね。

すべての道はローバに通ず

樋口　このごろ痛感しているのは、「老いってとっても個性的」だということです。ある日、友だちと長電話の最後に「これからは電話ではなく、なるべく手紙で要件をおっしゃってくださらない？」と言われました。楽しい長電話相手の一人だったので「どうして？」と聞いたら「耳が遠くなっちゃったのよ」と。

その翌日には別の友人が、「1週間か10日に1度、5分で切るから電話してくれない？」と言うのです。この人は利き手をけがして、小まめに手紙が書けそうもない。でも、あなたとは通信したいから、ということでした。

年を取ると耳が遠くなったり、足腰が立たなくなるなど共通点もあるけれど、**つくづく老いとは、一人ひとり違うもの。ですからその人の個性に合わせたつき合い方が必要です**。私は、昔は人もあきれる筆無精で、なんでも「電話」でしたが、このごろは、机の上に絵はがきを揃えて、手紙が来るたびに1枚引き出して、「お便りありがとうございました。私もどうやら元気です。じゃあね」と。この年になって、筆まめな樋口さん（笑）。

酒井　**個性は変化こそすれ、枯れることはない**からこそ、**おばあさんたちはみんな、それぞれ次の世代に、形のないものを残してくれている**と思います。樋口さんは、若いころ、90代まで生きると思っていらっしゃらなかったとか……。

樋口　中学1年のときに結核にかかり、1年半休学した弱々しかった私が、よくぞま

この対談は、2023年5月19日に自由学園明日館講堂で行われました。

あ91歳の誕生日を迎えられたと思っています。休学はつらいことでございました。でも、**考えてみますと、無駄になる経験は何もないのですよね。**

酒井　そうかもしれません。

樋口　私の2年上の兄は、中学3年で亡くなりました。その兄が遺してくれた漱石、鷗外、尾崎紅葉から始まって、ドストエフスキーからチェーホフ、ゲーテなどの本が2箱。休学中に兄が遺した本を読んだおかげで、今の仕事が務まっている。ですから、みなさん、**逆境にあると思ったとき、その逆境にある何かいいことを見つけて、生かしてください。**

91歳まで生きて、つくづく「**ローバ（老婆）は一日にしてならず**」と思います。若い日の喜び悩みは今と未来に通じています。「**すべての道はローバ（老婆）に通ず**」なのです。

おわりに――

冥土の土産は、ぼたもちと一升瓶

先日、定期検診のため病院に行きました。89歳で乳がんの手術をしてから、「今後10年の生存確率」という欄にはいつも「80%」と記されていましたが、その日は主治医が数字にスーッと線を引き、「79」と書き直したのです。あらら、1ポイント減ってしまいました。

主治医は忙しそうで、「どうしてですか?」とは聞けませんでした。私のバカ話を聞く暇などないでしょう。診察に同席していた助手は、「特売品を100円にせず、99円にするのと同じじゃないですか。本当は77くらいにしたかったけど、目の前に患者がいるからちょっと負けてやろうかと思ったのでは？」なんて、憎まれ口を叩いています。

私もまもなく92歳。10年生存すれば、100歳を超えます。あちこち痛むし、足元も怪しくなっている。ヨタヘロ生活は楽ではありません。

昨年は逆流性食道炎になり、食べることも難しくなった時期がありました。食べていないと、人はとたんに弱ってしまいます。脳に栄養がいかないので、得意のしゃべりももうひとつ。いまは、周囲のみんながにらみを効かせているから仕方なく食べますが、なんとか食べて飲めば元気になるのです。食事をちゃんとすることは、本当に大事だと実感しました。

最近、「冥土の土産には何を持って行きたいですか？」という質問を受けました。冥土の土産というと、普通は自分のために持って行くものかもしれませんが、パッと思い浮かんだのは夫のことです。

私には4年数カ月を過ごした最初の夫と、20年余りを過ごした二番目の夫がいます。最初の夫は、私が仕事を始めるときに、「人の役に立つことをしたらどうか」とアドバイスをくれて、「お恵ちゃんはきっと成功すると思うよ」と言ってくれました。二番目の夫は業界の人で、私を物書きのプロに仕立てて見守ってくれました。一緒にいた年月も長かった。今と同じくらいの地位を築けたとき、「有名になれてよかったなあ。成功するかどうかは、おまえさんくらいならちょうど境界線上だから、ハラハラしたぜ」と言いました。

私はこの二人の男たちには足を向けて眠れません。冥土の土産はどちらを多くしましょうか。前の夫はワインで酔っ払う下戸でしたから、大好きなぼたもちを。二番目の夫は日に4合も飲む酔っぱらいだから一升瓶を、持って行きましょう。鉢合わせすると面倒なことになりそうだから、会うのは時間制ですね。自分のためには猫も連れて行きたいわ。肩に乗っけて行きましょうか。

雑誌『明日の友』で、連載「人生百年学」が始まったのは2016年春ですから、丸8年がたちました。連載をまとめた書籍は本書で3冊目。熱心に読んでくださる読者の方がいるからこそ、老いの現実を発信することができています。同時代を生きるみなさまに、心からの感謝をお伝えしたいと思います。

大好きな酒井順子さん、対談のお相手をありがとうございました。連載中、励まし続けてくださった『明日の友』編集長の石渡尚恵さん、書籍部編集長の小幡麻子さん、担当編集の菅聖子さんにはお世話になりました。そして、助手の河野澄子さんと佐藤千里さん、いつもありがとう。娘と猫たちにも心からの感謝を。

2024年2月

樋口恵子

樋口恵子　ひぐちけいこ

1932年東京都生まれ。東京大学文学部卒業後、時事通信社、学習研究社、キヤノン株式会社を経て評論活動に入る。東京家政大学名誉教授。NPO法人「高齢社会をよくする女性の会」理事長。『大介護時代を生きる』（中央法規出版）、『老いの福袋』（中央公論新社）、『老いの地平線』（主婦の友社）など著書多数。隔月刊誌『明日の友』に連載中の「人生百年学 ヨタヘロ航海記」で、老いの現実と覚悟を伝え続ける。本書はその連載をまとめた『老～い、どん! あなたにも「ヨタヘロ期」がやってくる』『老～い、どん！2 どっこい生きてる90歳』（共に小社刊）に続く第3弾。

装丁・本文デザイン　坂川事務所+鳴田小夜子
装画　牛久保雅美
撮影　金子睦

91歳、ヨタヘロ怪走中！

2024年3月15日　第1刷発行
2024年3月30日　第2刷発行

著者　樋口恵子
編集人　小幡麻子
発行人　入谷伸夫
発行所　株式会社 婦人之友社
〒171-8510　東京都豊島区西池袋2-20-16
電話 03-3971-0101
https://www.fujinnotomo.co.jp
印刷・製本　シナノ書籍印刷株式会社

ISBN978-4-8292-1038-3